COMTESSE DE MIRABEAU.

HENRI DE L'ESPÉE.

HENRI DE L'ESPÉE.

Fugit vita, manent opera.

Parmi les crimes de la révolution de 1871, il en est un qui rappelle d'une manière particulièrement féroce les crimes de 1793, et à côté de l'héroïque figure de M. de l'Espée se dressent, en un lointain souvenir, les ombres sanglantes du comte de Belzunce, du vaillant des Iles, de la princesse de Lamballe et de tant d'autres victimes de la cruauté du peuple.

M. de l'Espée est mort comme la noblesse française savait mourir sur l'échafaud ; cerné de toutes parts par une populace en furie, son regard calme, miroir de son âme grande et forte, ne s'est pas baissé devant les menaces de ses assassins. Il a vu monter le flot hideux qui allait l'engloutir, et il n'a pas reculé ; d'un seul mot, il pouvait sauver sa vie, mais ce mot était indigne de lui, et il ne l'a pas prononcé.

1871

Le meurtre de M. de l'Espée est d'autant plus atroce, d'autant plus inique, que les forcenés qui l'ont commis n'avaient pas même pour motif la haine personnelle que le peuple voue presque toujours à celui qui le gouverne. M. de l'Espée était arrivé la veille à Saint-Etienne. On ne savait rien de lui, pas même son nom ; on savait seulement qu'il représentait l'autorité honnête qui venait de succéder au gouvernement du 4 septembre ; mais ce qu'ils ne savaient pas, ces lâches assassins, réunis par centaines pour tuer un seul homme, c'est que cet homme eût été pour eux tous un protecteur bienfaisant, qu'il eût garanti leurs libertés dans l'acception juste du mot et veillé avec sollicitude sur leur sort.

M. de l'Espée n'avait pas seulement un caractère loyal et un esprit distingué, le dévouement dominait tout en lui ; convaincu que quiconque possède fortune et intelligence doit mettre ces deux choses au service de tous, aucune existence ne fut plus complétement et plus chrétiennement remplie que la sienne ; il ne se croyait le droit ni de disposer de son temps ni de disposer de son revenu dans un but personnel ; chacun avait de lui-même une large part, et en accomplissant ses œuvres sans bruit et avec autant d'abnégation que d'énergie, il croyait faire simplement son devoir.

Marié à la femme la plus remarquable qu'un homme de cœur et d'esprit puisse rencontrer, père de quatre enfants qu'il adorait, il n'a pas voulu renfermer sa vie dans cet intérieur qui suffisait pourtant à son bonheur et à son ambition ; il jugeait que le travail est une loi à laquelle nul n'a le droit de se soustraire, et il a travaillé sans relâche : dans sa jeunesse pour apprendre, et plus tard pour semer autour de lui l'ordre, l'abondance et les saines traditions. On a peine à comprendre que la vie d'un seul homme ait pu contenir tant de choses et tant de choses différentes les unes des autres ; il semble inexplicable que son esprit ait pu suffire à tout ce que son âme lui commandait de faire.

Né en 1827, il sortit de l'École polytechnique en 1848, choisit le service des mines, et le grade d'ingénieur lui fut conféré ; plus tard, il entra dans la Compagnie des chemins de fer de l'Ouest et fit bientôt partie du conseil d'administration, dont il était un des membres les plus actifs et les plus occupés.

Quelques années après, il fut appelé aussi au conseil d'administration de la Compagnie des mines, forges et fonderies de Fourchambault, situées dans le département de la Nièvre, mais dont le siége est à Paris, et jamais son travail n'eût à souffrir des doubles fonctions qu'il remplissait, car parmi toutes les facultés de sa riche organisation, la plus saillante était l'activité, non pas la banale activité d'une nature physique qui a besoin de mouvement, mais l'activité qui, prenant son origine plus haut , naît de la volonté d'accomplir plus de choses utiles et grandes.

M. de l'Espée habitait Paris, où sa famille passait avec lui une partie de l'année ; puis, l'été, il venait se reposer de temps à autres pendant quelques jours, en Lorraine, dans un vieux château qu'il se plaisait à restaurer tout en respectant les vestiges du passé ; il aimait son village de Froville auquel il s'était attaché par le bien même qu'il y faisait. Il savait donner sans imposer la reconnaissance, et la reconnaissance s'imposant d'elle-même, lui est restée fidèle au-delà du tombeau. Nous avons traversé le pays qu'il habitait le lendemain du jour où la nouvelle du crime de Saint-Etienne y était parvenue ; des groupes silencieux et attérés regardaient passer en pleurant les amis qui se rendaient au château, et la contrée entière atteinte dans ce qu'elle avait de plus cher, portait l'empreinte de la désolation.

M. de l'Espée ne soulageait pas seulement les pauvres dans leur misère matérielle, il élevait et fortifiait par sa parole et ses exemples l'esprit de ceux qui l'entouraient; il leur avait appris à aimer leur village, dont il contribuait activement à réparer l'église et à entretenir les chemins ; il avait fondé une école pour les jeunes filles, et resserrant par tous ses actes le lien qui devrait toujours exister entre le château et la chaumière, il le rendait ce qu'il doit être, un échange de bienfaits et de confiance, de sollicitude et de respect. Il avait, il est vrai, un puissant auxiliaire ; ses dons passaient par les mains d'une femme qui joignait à une rare énergie la grâce la plus entraînante ; en adoptant toutes les idées de son mari, en suivant la voie qu'il lui traçait, elle avait acquis une initiative qui lui permettait d'agir, dans son isolement, avec autant de fermeté que si M. de l'Espée eût été sans cesse près d'elle pour guider ses pas.

C'était aux rayons de cette lumière pure qui brillait à son foyer que le travailleur infatigable venait se reposer quelques heures chaque semaine, et ces heures lui suffisaient encore pour diriger l'éducation de ses fils, qu'un prêtre élevait sous les yeux de leur mère. Froville semblait la personnification du bonheur et du devoir, du devoir rempli par tous, et du bonheur accordé par Dieu.

Les nombreuses occupations de M. de l'Espée, les responsabilités diverses qui pesaient sur lui, les études qu'il continuait à travers ses travaux ne l'absorbaient pas, et son esprit paraissait aussi libre que celui d'un homme inoccupé ; jamais une distraction ne l'écartait un instant de la conversation, jamais un nuage ne passait sur son front parce que toute chose en lui avait sa place et son temps, que tout se faisait sans autre effort que celui de sa volonté, et que, à côté d'une aptitude innée aux travaux les plus abstraits et les plus ardus, il possédait au suprême degré l'esprit de repartie et d'à-propos, en un mot, l'esprit français.

On comprendra facilement qu'un homme aussi heureusement doué que M. de l'Espée fût l'orgueil et l'espérance de son père. Ce père autrefois député et préfet, qui avait acquis la confiance de ses concitoyens, le respect et l'attachement de ses administrés, aimait son fils avec un amour passionné ; il se disait que, par ce fils, son vieux nom serait illustré, et cet espoir a été dépassé, car en refusant, en face d'une mort certaine, de céder à la force brutale des ennemis de l'ordre, et en attendant la mort sans laisser voir à ses bourreaux un seul signe de faiblesse, Henri de l'Espée a fait plus que d'illustrer son nom, il l'a immortalisé.

Il manquerait quelque chose à ce type parfait du gentilhomme d'autrefois et du vrai français de tous les temps, si une conviction politique, profonde et ardente n'eut guidé toujours M. de l'Espée. Partisan par principe de la monarchie, il était attaché par un vif sentiment de respectueuse affection et d'admiration aux princes de la maison royale de France. Il attendait avec confiance l'heure du rappel, et pourtant il devait mourir avant d'avoir entendu sonner cette heure de justice, mais malgré son attachement fervent pour les principes d'Orléans, jamais de sa part aucune hostilité inutile ou mal avisée contre le gouvernement, ne put irriter contre la cause qu'il servait les gens d'une opinion différente de la sienne. Porté à la députation en 1869, il retira sa candidature avant le second tour de scrutin, devant la majorité républicaine, voulant montrer que le parti auquel il appartenait n'entendait pas s'imposer au pays. Il prévoyait aussi que la France devait faire une fois encore l'essai de la République et que la monarchie des Bourbons ne pouvait pas succéder sans intermédiaire à Napoléon III. La France n'était pas suffisamment meurtrie par les républiques de 1793, de 1848, et par le règne absolu et absolument arbitraire du triste héros de Strasbourg et de Boulogne ; les républicains honnêtes et convaincus reniaient les deux premières républiques et en attendaient une autre, forte, loyale et durable, telle enfin qu'on ne la verra probablement jamais.

Sans partager leurs illusions, M. de l'Espée attendait aussi la République comme une époque de transition qu'il fallait traverser, et, fort de cette conviction, il sacrifia sans hésiter son intérêt personnel, et abandonna le terrain aux candidats républicains.

Mais, en entrevoyant le règne de la République, comme beaucoup d'autres moins clairvoyants que lui l'entrevoyaient, il était loin de prévoir l'abaissement de la France, tombée dans les mains de Rochefort, de Crémieux et de Gambetta, et il fallait que son patriotisme fut grand pour lui faire dominer ses répugnances, et pour qu'il servit, d'une façon toute spéciale, son pays gouverné par de telles gens; lui qui s'était tenu à l'écart tant que dura la parodie du règne de Napoléon Ier, courut offrir ses services au ministre de la guerre aussitôt qu'il vit l'armée en déroute et Paris menacé.

Le 18 août 1870, il fut attaché aux travaux de défense extérieure, comprenant Bagneux, Sèvres, Châtillon, Meudon et Saint-Cloud, et voici la copie textuelle de ses états de service pendant le siége de Paris :

M. Henri de l'Espée a dirigé la construction de la redoute de Sèvres ;

A pris part aux affaires de :

Châtillon, 19 septembre 1870 ;

L'Hay, 29 novembre 1870 ;

Parc de Buzenval, 21 décembre 1870 ;

Moulin-de-Pierre, 10 et 13 janvier 1871 ;

Paris, le 1er février 1871.

Le général commandant le génie du 3e corps d'armée,

JAVAIN.

Le général Javain, qui, depuis le 7 août 1870 jusqu'à la date du présent acte, a été successivement chargé :

1° De l'organisation des défenses extérieures sur les positions de Bagneux, Châtillon, Sèvres, Moulin-de-Pierre, Meudon, etc. ;

2° Du commandement de la 3e circonscription du génie ;

3° Du commandement du génie de la 3e armée;

Se fait, en outre, un devoir de constater ici d'une manière toute spéciale l'activité, l'intelligence et la fermeté dont M. de l'Espée a donné des preuves constantes dans l'accomplissement des fonctions de toute nature qui lui ont été confiées dans l'intérêt de la défense de la capitale, et de témoigner à ce patriotique serviteur du pays toute sa reconnaissance pour le concours dévoué et infatigable qu'il lui a prêté pendant la période la plus critique du siége.

Paris, le 1er février 1871.

Le général commandant,

JAVAIN.

M. de l'Espée reçut aussi du général Riffault, commandant le 4e arrondissement du génie, la lettre suivante :

Place de Paris, 1er février 1871.

Monsieur et cher camarade,

Au moment de quitter le commandement du 4e arrondissement du génie, je crois devoir vous exprimer mes vifs remerciements pour le bon concours que vous avez bien voulu prêter au service du génie pendant le siége de Paris. Attaché à l'état-major de mon prédécesseur, M. le général Javain, vous avez contribué pour une large part à l'organisation des ouvrages défensifs de Meudon.

Plus tard, vous avez formé le 8e secteur des ateliers de gabionnage, de charronnage et de transports au moyen desquels on a pu améliorer promptement nos fortifications de la rive gauche, et notamment fournir pendant le bombardement tout le matériel nécessaire aux forts d'Issy, de Vanves et de Montrouge. Aussi intrépide soldat que bon ingénieur, vous avez souvent visité nos avant-postes de la rive gauche, dont les tranchées les plus avancées ont été levées par vos soins. Vous avez pris en outre une part active, et non sans danger, sous les ordres de M. le général Javain, à l'affaire du 29 novembre, à l'Hay, et aux deux sorties sur le Moulin-de-Pierre, des 10 et 13 janvier 1871.

Enfin, dernièrement et lorsque, sur ma demande, M. le général de Chabaud La Tour allait vous proposer pour la croix d'officier de la Légion d'honneur, vous avez exprimé le sentiment que cette récompense, arrivée au moment où Paris et la France succombaient, vous rappellerait de trop pénibles souvenirs, et vous avez exprimé le désir de ne pas être porté sur la liste soumise au ministre de la guerre. On a eu égard à un sentiment si noble et si délicat; mais je tiens d'autant plus à vous remercier au nom de notre malheureuse patrie de ce que vous avez fait pour elle, et je suis autorisé à ajouter que je suis aussi l'interprète de M. le général de Chabaud La Tour.

Agréez, monsieur et cher camarade, l'expression de mes sentiments les plus affectueux et les plus distingés.

Le commandant du 4e arrondissement du génie,

Général Riffault.

Transmis à M. de l'Espée, avec de bien vives félicitations, par le soussigné, colonel chef d'état-major du 4e arrondissement du génie.

Paris, le 2 février 1871. A. Gras.

Nous joindrons à ces témoignages officiels de l'incontestable valeur militaire de M. de l'Espée, quelques lignes extraites d'un remarquable article publié par le *Correspondant* et signé de M. Hennebert, officier du génie :

C'en est fait de notre malheureux pays si chacun de nous ne peut élever son âme assez haut pour revenir aux vertus d'un autre âge, à ces vertus militaires que notre cher Henri de l'Espée mettait si simplement en pratique.

Nous n'avons jamais vu plus grand ni meilleur soldat. Ainsi que les héros légendaires, il s'exerçait à toutes les privations. Il couchait sur le sol, savait se passer de sommeil et acceptait gaiement toutes les bizarreries d'un régime obsidional; partout où l'appelait le devoir, il courait d'un pas égal, par le vent, par la pluie, par la neige. Il s'était, en un mot, rendu maître de son corps et sa conscience soumettait ce corps à de rudes épreuves.

Nous le voyons encore s'apprêter en chantant et partir pour ses expéditions : il portait alors une grande capote de soldat du génie, avec un revolver, une gourde, une sacoche contenant deux biscuits, ses instruments, sa jumelle et le petit livre de prières qui ne le quittait jamais. Cet équipement lui seyait à merveille, et grande était sa joie quand on le félicitait de sa tournure militaire.

Il était d'une bravoure exceptionnelle, et nous n'avions qu'un reproche à lui faire, il s'exposait trop au feu.

Les gens courageux, les militaires de la vieille roche, les fidèles du drapeau, savaient aisément gagner son cœur, et s'ils avaient une fois combattu près de lui, ils lui devenaient à jamais chers. Les lâches le trouvaient, au contraire, intraitable. Les mauvais soldats, les altérés de paix n'avaient qu'à se montrer pour soulever des tempêtes dans cette âme, ordinairement si placide.

Le siége terminé, Henri de l'Espée ne voulut voir attribuer aucun prix aux services éminents qu'il avait rendus. Au moment où la France était précipitée dans l'abîme, on vit se déchaîner de féroces appétits; on asssita à de honteuses curées. C'était un spectacle attristant. Lui, le brave Henri, refusa la croix.

Ce récit d'un frère d'armes peint d'une manière énergique et vraie le caractère dévoué et désintéressé de celui dont nous essayons de retracer la vie entière, et tandis qu'il accomplissait, à Paris, ainsi qu'on vient de le voir, son devoir de soldat, exposant chaque jour sa vie comme un simple volontaire, et rendant en même temps les services que peut rendre un officier du génie du plus incontestable mérite, Mme de l'Espée, seule avec ses enfants au milieu de l'invasion, avait organisé pour les blessés français une ambulance au château de Froville. Son mari ne lui avait donné aucun conseil à cet égard, mais quand il revint, après six mois d'absence, il dit, en apercevant les invalides qui se trainaient aux premiers rayons du soleil autour de sa chère demeure : « Je l'avais bien pensé ! » Ce fut cette confiance dans l'intelligence et la force de sa femme qui permit à M. de l'Espée de faire dans sa courte vie plus d'œuvres que n'en peut ordinairement contenir l'existence entière d'un seul homme.

Au mois d'août 1870, en quittant la Lorraine, pour s'enfermer dans Paris, il avait remis au curé de Froville une lettre qui contenait ses dernières volontés et ses derniers adieux :

— « Si je suis tué là-bas, lui dit-il, vous porterez ceci à Mme de l'Espée. »

Puis, voyant l'émotion de son curé, il ajouta en souriant :

— « A mon retour, j'espère bien que nous la brûlerons ensemble. »

Durant tout l'hiver, le bon prêtre pria Dieu de garder le bienfaiteur de sa paroisse, et il attendait avec une fiévreuse impatience l'heure où il lui serait accordé de brûler la lettre. Aussi ce fut sa première pensée, quand, après la capitulation de Paris, il revit le maître de Froville.

— « Pas encore, lui répondit M. de l'Espée, ce n'est pas fini. »

Il est accordé à certaines âmes d'élite une seconde vue qui leur permet d'entrevoir, à travers un voile mystérieux l'approche de leur dernière heure. A l'époque où M. de l'Espée disait : « Ce n'est pas fini, » la paix avec l'Allemagne était faite et la révolution n'était pas commencée, mais il la voyait venir comme le marin voit venir la tempête, et sans savoir à quelles fonctions il serait appelé, il était d'avance bien résolu à se mettre au premier rang pour défendre les débris sanglants de l'honneur national.

Quelques jours après, il écrivait à sa femme que la préfecture de Saint-Étienne lui était offerte, et il témoignait le plus vif regret d'abandonner ses occupations industrielles ; puis le lendemain il se décidait à accepter la redoutable administration du département de la Loire, mais seulement pour le temps des troubles, se réservant de donner sa démission aussitôt que la révolution serait apaisée, et les compagnies de l'Ouest et de Fourchambault lui donnèrent l'assurance qu'on ne le remplacerait pas dans leurs conseils et qu'il pourrait reprendre ses fonctions quand bon lui semblerait.

Il partit seul pour Saint-Etienne, sans même emmener un valet de chambre, tant il avait l'habitude de simplifier les choses qui le concernaient. De Tours, où il fut forcé de s'arrêter pour attendre le départ d'un train, il écrivait à Mme de l'Espée : « Il ne faut pas se dissimuler que c'est sur un champ de bataille que je me rends. »

Il se rendait, en effet, sur un champ de bataille, où il devait se trouver seul en face d'une armée d'assassins et où il devait tomber mort mais non pas vaincu.

M. de l'Espée avait le courage calme qui ne recule devant aucun danger, tout en sachant calculer les chances et chercher le succès. Avant d'arriver à Saint-Etienne, il voulut connaître l'état de la ville, et s'arrêtant à Roanne, il donna l'ordre au sous-préfet de se faire rendre compte de ce qui se passait dans le chef-lieu du département.

Le secrétaire général, remplissant les fonctions de préfet de la Loire, répondit par le télégramme suivant :

Saint-Etienne, 24 mars, 3 h. 15 m. soir.

Saint-Etienne est tranquille ; toutes les précautions sont prises pour maintenir la tranquillité si on tentait de la troubler.

Sur cette assurance formelle, M. de l'Espée se mit en route sans convoquer d'avance l'autorité militaire, et il arriva à Saint-Etienne à sept heures du soir, déjouant ainsi, sans s'en douter, les projets des assassins qui devaient l'attendre à minuit à la gare, son arrivée ayant été annoncée pour cette heure-là.

A peine était-il entré dans la ville que les émeutiers, drapeau rouge et tambour en tête, parcouraient les rues en proclamant la Commune ; dans les clubs improvisés, les orateurs hurlaient des discours incendiaires, et une nombreuse compagnie de gardes nationaux criant : Vive la Commune ! cernait l'hôtel-de-ville, où les autorités s'étaient rassemblées et se trouvaient prisonnières. Dans la nuit, et avant même d'être entré à la préfecture, M. de l'Espée parvint, à l'aide de quelques bataillons de gardes nationaux, à les délivrer.

Du reste, la proclamation qu'il fit afficher le 25 mars, dernier jour de sa vie, résume la situation en quelques mots :

Citoyens et gardes nationaux du département de la Loire,

Arrivé cette nuit dans les murs de votre chef-lieu, j'ai trouvé des factieux tentant de consommer un attentat contre les lois de la République. L'Hôtel-de-ville a été envahi, vos magistrats municipaux, vos chefs principaux retenus prisonniers.

Ayant pu rester libre, et puissamment secouru par l'autorité militaire, j'ai pu convoquer la garde nationale de Saint-Etienne, sous les ordres d'un de ses chefs, échappé aux envahisseurs. La seule apparition de quelques bataillons, accourus avec un empressement dont je les remercie, a déterminé la complète retraite des séditieux. Vous comprenez tous combien il importe que les lois soient à l'avenir respectées.

En me faisant l'honneur de me confier l'administration de votre département, le gouvernement de la République a compté que je suivrais avec fermeté le programme de liberté, de conciliation et d'ordre qu'il se propose de maintenir, et que j'affirme en son nom comme au mien.

Sur ce terrain, consacré par le suffrage universel, je fais appel au concours de tous les bons citoyens, et je les prie de songer que leur inaction pourrait rendre impossible de relever la France. Le salut de tous exige le travail de tous, et c'est pour cela que je vous demande d'aider le gouvernement de la République à réparer les maux de notre patrie.

Le préfet de la Loire,

H. DE L'ESPÉE.

Le même jour, on lisait dans le *Moniteur de la Loire :*

La Commune a voulu avoir à Saint-Etienne aussi, nous ne dirons pas son jour, mais son heure, ou plutôt sa nuit.

Notre nouveau préfet, M. de l'Espée, arrivé dans la nuit, a pris en main la direction du département ; l'hôtel-de-ville est évacué et l'administration domine la situation.

Au moment où nous écrivons, tout fait présumer que cette échauffourée a décidément avorté.

Dans la journée du 25 mars, des rassemblements se formèrent de nouveau, mais la municipalité affirmait être en mesure de répondre de tout, et le maire et les conseillers municipaux demandèrent au préfet de se confier à eux, l'assurant tous qu'ils seraient toujours entre lui et l'émeute, qu'ils lui feraient un rempart de leurs corps, que la garde nationale fidèle était assez forte pour repousser toute attaque, et que pour satisfaire la population et lui montrer en même temps qu'on ne la redoutait pas, il fallait renvoyer deux cents hommes de troupes régulières, dont la présence irritait les insurgés. M. de l'Espée y consentit, témoignant ainsi au général chargé de maintenir l'ordre et à la municipalité la plus loyale et la plus entière confiance.

Deux compagnies de la garde nationale furent chargées de garder le bâtiment qui, à Saint-Etienne, sert à la fois de préfecture et d'hôtel-de-ville ; et encore ces deux compagnies ne reçurent-elles pas une cartouche, quoiqu'il y en eût vingt-mille en réserve, et le maire, en donnant l'ordre de fermer les grilles, oublia sans doute que plusieurs issues latérales laissaient une facile entrée aux émeutiers.

A quatre heures du soir, l'Hôtel-de-Ville fut cerné comme la veille; des gardes nationaux et des ouvriers armés entrèrent à la préfecture aux cris de : Vive la Commune !

Forçant portes et consignes, ils arrivèrent inopinément à la porte du cabinet où, depuis le matin, M. de l'Espée, sans perdre un instant, travaillait à se mettre au courant des affaires du département ; en sortant de son cabinet, le préfet se trouva au milieu d'une foule rugissante, seul avec un jeune substitut, M. Gubian, qui, le voyant en danger, vint lui offrir ses services, et resta près de lui jusqu'à la fin, au risque de partager son sort.

— « Ce matin lui dit M. de l'Espée, chacun ici m'avait promis son concours, mais je ne vois que vous. Marchons donc tous deux. »

Il chercha à percer la foule pour savoir ce qu'étaient devenus le colonel de la garde nationale et le capitaine de gendarmerie et pour leur donner des ordres, mais ils avaient disparu ; les insurgés s'emparèrent du préfet, et après l'avoir promené à travers les corridors, ils le conduisirent avec son fidèle compagnon, dans la grande salle de l'hôtel-de-ville, où on le fit asseoir.

Alors les délégués du peuple lui demandèrent de donner sa démission et de proclamer la Commune.

M. de l'Espée leur répondit :

« Vous me demandez ma démission, et je ne suis ici que depuis hier ; vous ne m'avez pas encore vu agir. Vous me demandez de proclamer la Commune, et vous savez que je ne le puis pas, puisque je représente le gouvernement de Versailles. »

La foule continua à grossir et à s'agiter ; des hommes à figures hideuses venaient examiner M. de l'Espée, et les chefs de clubs, confondant son nom avec celui de M. de

Lespine, lui reprochèrent d'avoir été secrétaire de M. de Morny ; en quelques mots il réfuta cette erreur, mais à ce grief imaginaire il en succédait d'autres, et le préfet resta en butte aux insultes de ces énergumènes qui ne voulaient écouter que leurs haineuses passions.

Vers sept heures, tous ces gens se mirent à boire et à manger, et l'un d'eux s'approchant de M. de l'Espée, lui demanda si il avait faim. Le préfet lui remit une pièce d'argent en le priant de lui apporter du pain. L'insurgé apporta du pain, du vin et du fromage, et M. de l'Espée, se tournant vers M. Gubian, lui dit en souriant :

« Je vais donc vous offrir à dîner. »

Quiconque l'a connu brave et gai tel qu'il était, devine l'expression de sa figure quand il prononça ces mots, et pourtant il voyait venir le danger, car il ajouta un instant après :

« Ces gens sont capables de tout. »

A mesure que le temps s'écoulait, le tumulte grandissait ; les émeutiers s'excitaient les uns les autres et les menaces succédaient aux cris ; un coup de pistolet fut tiré en l'air, la balle frappa le plafond, et les éclats de plâtre et de bois retombèrent sur M. de l'Espée qui dit à son jeune compagnon :

« Je ne sortirai pas vivant d'ici ; vous porterez mes adieux à Mme de l'Espée ; vous lui direz que mes dernières pensées seront pour elle. »

Puis il lui indiqua où se trouvaient des papiers importants déposés dans la chambre qu'il devait occuper, et le pria de les soustraire aux émeutiers, si il parvenait à s'échapper de leurs mains,

A dix heures et demie, une rumeur formidable s'éleva dans le fond de la salle : « Il est temps d'en finir, » criaient les forcenés, qui avaient soif de sang, et les deux prisonniers se trouvèrent resserrés par une foule compacte.

« Le préfet consent-il à donner sa démission et à proclamer la Commune ? criait-on de toutes parts. »

M. de l'Espée se leva et répondit :

« Dans l'état actuel des choses, vous pouvant tout et moi ne pouvant rien, je consens à donner ma démission parce que ce n'est plus qu'une question de situation privée ; mais quant à proclamer la Commune, vous me demandez ce qu'il m'est impossible de faire. »

Plusieurs insurgés, ou plutôt plusieurs assassins, s'élancèrent à la fois sur lui ; ceux qui étaient chargés de le garder essayèrent de les repousser, mais ils furent rejetés en arrière, et l'un d'eux tomba sur M. Gubian.

— « Une dernière fois, cria-t-on, proclamez la Commune !

— » Non ! répondit M. de l'Espée. »

Et pour montrer à ses meurtriers qu'il ne cherchait pas à fuir leurs coups, il s'assit.

Alors commença une fusillade qui dura deux minutes. M. de l'Espée, frappé au front, tomba sans prononcer une parole.

M. Gubian fut préservé par l'homme qui avait été renversé sur ses genoux, et dont le cadavre lui servit de rempart.

Le récit de la mort héroïque du préfet de la Loire ne semble-t-il pas une page sanglante arrachée à l'histoire de la Terreur ! Le peuple déchaîné en 1871 n'est-il pas aussi féroce que celui de 1793 ?

Mais si le meurtre de M. de l'Espée a été commis par des ouvriers révoltés, insensés dans leur sauvage fureur, les honnêtes gens, les gens qui ont un foyer à défendre, une famille à protéger, l'ont laissé commettre et la honte en retombera éternellement sur eux. Le magistrat qui venait les sauver de l'anarchie et du pillage a été enfermé pendant six heures au milieu d'eux, sans qu'on ait cherché à le délivrer ; le secrétaire général de la préfecture et le maire avaient pris la fuite dès le commencement de l'émeute ; le général, les officiers de la gendarmerie et de la garde nationale sont restés témoins impassibles du crime commis sous leurs yeux ! Pas un ordre n'a été donné pour sauver le préfet, et dans une ville de cent mille âmes, il ne s'est trouvé qu'un seul homme de cœur, M. Gubian, dont le dévouement isolé était impuissant.

Quand la rage des assassins a été assouvie, quand la vue de leur crime a éteint leur ivresse, alors que le danger était passé, les autorités et les habitants de Saint-Etienne sont venus protester de leurs regrets et de leur admiration en face d'un cadavre, et les femmes ont tressé des guirlandes de fleurs pour couronner le cercueil du martyr que leurs maris, leurs frères et leurs fils n'avaient pas eu le courage de défendre.

Le 27 mars, à la séance de l'Assemblée nationale, un député de la Loire dit à la tribune :

La ville de Saint-Etienne vient d'être souillée par un forfait exécrable. M. de l'Espée, qui avait combattu vaillamment les Prussiens durant le siége de Paris avait accepté une mission, difficile, et, comme il le disait, pour Dieu, pour l'honneur et la patrie. Sous son énergique direction et avec le concours de la garde nationale, il avait pu se rendre maître des troubles qui avaient affligé la ville de Saint-Etienne, et il avait montré aux scélérats que le préfet de la Loire ne pouvait être vaincu ; ils l'ont assassiné. Il est tombé victime, ou plutôt martyr de son devoir. Nous demandons que l'Assemblée nationale déclare que Henri de l'Espée, le vaillant magistrat, le généreux citoyen a bien mérité de son pays.

Et l'Assemblée nationale vota à l'unanimité que ce juste hommage serait rendu à la mémoire de M. de l'Espée.

Les meurtriers de M. de l'Espée et ceux qui l'ont lâchement abandonné ont à répondre devant la France de la vie d'un homme qui eût été un des plus puissants soutiens de la nation. A l'époque critique où nous sommes, le pays ne peut être sauvé qu'à l'aide de cœurs, d'intelligences et de bras aussi forts que le cœur, l'intelligence et le bras de M. de l'Espée ; sa capacité productive, son dévouement absolu et son courage avaient été mis à l'épreuve ; il entrait dans la vie politique pour le bien de la chose publique et pour la gloire de la France, si pauvre de gloire en ce moment. Avant de songer à l'avenir d'un pays balloté depuis quatre-vingts ans par les révolutions et ensanglanté par les crimes, il voulait, avant tout, servir la nation qu'il aimait avec le patriotisme le plus complet, et que, en dépit de ses répugnances personnelles et de ses répugnances d'honnête homme, il avait servie sous Napoléon et sous Gambetta.

Les assassins de Saint-Etienne ont ravi à la France cet esprit supérieur qui savait dominer toutes les situations, cette âme haute et forte, ce cœur dévoué à tous les devoirs, et leur crime est un malheur public.

M. de l'Espée avait travaillé toute sa vie à améliorer le sort des ouvriers, et, c'est par eux qu'il a été mortellement frappé. Il avait combattu l'ennemi avec l'ardeur d'un cœur vaillant qui voit périr son pays, et les balles des Allemands l'avaient épargné ; c'était sous celles des Français qu'il devait tomber.

A côté de la patrie qui perd un défenseur courageux, une lumière qui pouvait éclairer sa marche à travers les ténèbres où elle est plongée, il reste une femme qui, malgré l'immensité de sa douleur, servira désormais à la fois de père et de mère à ses quatre enfants ; il reste un vieillard qui, à la fin de sa longue carrière, perd le fils dont il avait développé la grande âme par les plus sages enseignements et les plus nobles exemples, et qui a bien le droit de répéter ce verset du psaume divin :

O vous qui passez sur la voie, arrêtez-vous ici, et voyez si il est une douleur comparable à ma douleur.

Henri de l'Espée repose dans le cimetière de Froville, et son âme doit errer sans cesse autour de la demeure dont il fut l'orgueil et la joie, et qui abrite les enfants qu'il lègue à son pays.

Comtesse DE MIRABEAU.

Nancy, imp. Gustave CRÉPIN-LEBLOND, suc^r de A. LEPAGE.

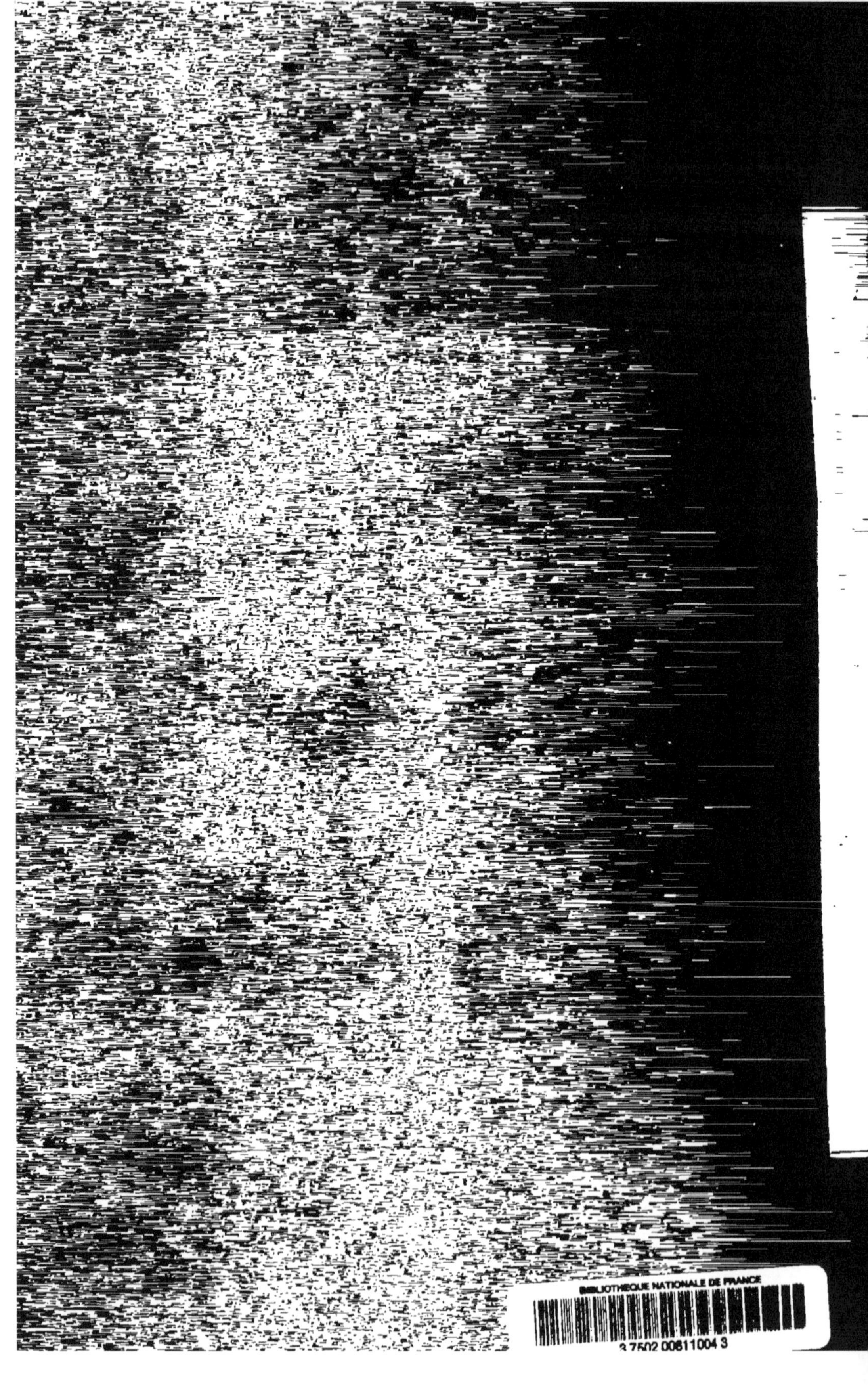

www.ingramcontent.com/pod-product-compliance
Ingram Content Group UK Ltd.
Pitfield, Milton Keynes, MK11 3LW, UK
UKHW012305240726
13966UKWH00004B/1653

9 782011 758200